# PÉTITION

DE LA

## CHAMBRE DES MAITRES IMPRIMEURS

DE PARIS

A L'ASSEMBLÉE NATIONALE

JUIN 1871

# PÉTITION

DE LA

## CHAMBRE DES MAITRES IMPRIMEURS

DE PARIS

A L'ASSEMBLÉE NATIONALE

JUIN 1871

### OUVRAGES A CONSULTER SUR LA MATIÈRE

CONSULTATION, par Henri CELLIEZ, avocat à la Cour d'appel.
                        Paris, 26 février 1867. — Typ. Laîné. Paris.

OBSERVATIONS A LA COMMISSION D'ENQUÊTE, par CH. DE MOURGUES,
        Président de la Chambre des imprimeurs, le 29 octobre 1869.
                                                  Typ. Jouaust. Paris.

HISTORIQUE DE LA PROPRIÉTÉ DES BREVETS, par DELALAIN.
                        Octobre 1869. — Typ. Delalain. Paris.

RÉSUMÉ LÉGISLATIF, par le même.
                                               Typ. Delalain. Paris.

PUBLICATIONS DU CONGRÈS DES IMPRIMEURS DE FRANCE.
                                                  Typ. Delalain. Paris.

# CHAMBRE DES IMPRIMEURS

## DE PARIS

A MM. LES MEMBRES DE L'ASSEMBLÉE NATIONALE.

Messieurs,

Vous venez de décider qu'une commission serait nommée dans votre sein pour vous signaler les décrets du gouvernement du 4 septembre qui sont susceptibles de révision.

C'est en vertu de cette décision que nous venons vous présenter la pétition suivante :

Parmi les décrets rendus par le gouvernement du 4 septembre, s'il en est un qui ait été absolument étranger à la défense du pays, c'est celui que nous lisons dans le *Journal officiel* du 11 septembre, et qui abolit les brevets d'imprimeur.

Il est ainsi conçu :

« Art. 1ᵉʳ. Les professions d'imprimeur et de libraire sont libres.
« Art. 2. Toute personne qui voudra exercer l'une ou l'autre de

ces professions sera tenue à une simple déclaration faite au ministère de l'intérieur.

« Art. 3. Toute publication portera le nom de l'imprimeur.

« Art. 4. Il sera ultérieurement statué sur les conséquences du présent décret à l'égard des titulaires actuels de brevets. »

Immédiatement après la promulgation de ce décret, le Président de la Chambre des Imprimeurs de Paris fit au Ministre de l'Intérieur une protestation contre ce décret; il reçut la réponse suivante :

MINISTÈRE
de
L'INTÉRIEUR.

Paris, 17 septembre 1871.

M. DE MOURGUES,
Président de la Chambre des imprimeurs.

« Monsieur,

« Vous avez adressé, le 13 du courant, au ministre de l'intérieur une lettre relative à la situation des imprimeurs en possession de brevets.

« J'ai ordre de vous accuser réception de votre lettre, et je m'empresse de le faire.

« Veuillez, Monsieur, agréer, etc.

« *Le chef du bureau de l'imprimerie et de la librairie,*

« Alphonse BROT. »

Nous venons attaquer le décret comme injuste et comme inopportun.

Comme injuste, parce que, sans motif démontré d'utilité publique, il nous arrache une propriété, et que, l'utilité publique fût-elle démontrée, le décret n'en viole pas moins ouvertement l'art. 545 du Code civil : « Nul ne peut être contraint de céder sa propriété, « si ce n'est pour cause d'utilité publique, et moyennant une *juste* « et *préalable* indemnité. »

Ces principes, qui sont corroborés en matière immobilière par la loi du 3 mai 1841, sont la base de notre état social; les détruire, c'est autoriser la violation de tous les contrats, et il est impossible de méconnaître la loi d'une manière plus directe que ne le fait le décret du 11 septembre, puisqu'il se borne à dire qu'il sera *statué ultérieurement sur les conséquences du décret à l'égard des titulaires actuels de brevets.*

Le décret est donc injuste, puisqu'il nous dépouille de notre propriété sans que l'utilité publique soit démontrée, et qu'il ne nous alloue pas une juste et préalable indemnité.

Le décret est en outre inopportun.

Effectivement, à quelle date a-t-il été rendu? Au 11 septembre, alors que l'ennemi marchait sur Paris, que quelques jours à peine nous séparaient du blocus le plus rigoureux, et que toute profession, toute industrie autre que celles se rattachant à la guerre, étaient suspendues; alors qu'une seule pensée nous animait tous, citoyens et soldats, celle de défendre notre pays. — Personne, à ce moment, ne songeait à fonder une imprimerie; nous aurions plutôt fondu nos caractères pour en faire des balles, si le plomb eût manqué. Et d'ailleurs, quelles furent les impressions dont on eut besoin pendant le siége? Les journaux habituels, tirés à un nombre restreint, puisque la province leur était fermée; quelques affiches; des bons de pain et de viande pour les mairies : c'est à peu près à cela que se bornait la consommation en matière d'imprimerie. Aussi, loin qu'il se soit élevé de nouveaux établissements, la plupart de nos ateliers étaient déserts.

Il est superflu, je crois, de démontrer que l'existence ou l'abolition des brevets n'avait aucun rapport avec les combats à livrer aux Prussiens, ni avec l'édification des remparts ou la confection des armes de guerre.

Ainsi le décret était injuste et inopportun. Pourquoi donc a-t-il été rendu?

Ce n'est pas à nous d'en connaître les raisons, c'est à ses auteurs qu'il faut les demander, et très-probablement ils répondront que c'est une satisfaction qu'ils ont cru devoir donner à l'opinion publique, ce monstre insatiable et infatigable que personne ne voit, dont tout le monde parle, et derrière lequel on s'abrite quand on n'a pas de bonnes raisons à donner ou une injustice à commettre.

Quant à nous, nous sommes élevés au-dessus des auteurs du décret, leur prouvant, par une simple observation, que, s'ils avaient eu le temps de penser à nous frapper, au lieu de se préoccuper uniquement des moyens de résistance à l'ennemi, nous ne pensions pas, nous, qu'il fût possible, ni français, de demander aux membres du gouvernement, pour l'examen d'une question personnelle, une seule minute d'un temps qui devait être exclusivement consacré à la défense du pays.

Et pourtant, pour beaucoup d'entre nous, la possession de ces brevets était une suprême ressource et représentait le fruit d'une existence de travail tout entière; mais les auteurs de décrets se sont fort peu préoccupés de ces choses-là; ils se sont bornés à dire qu'on verrait *plus tard* quelles seraient les conséquences du décret pour les titulaires.

Pendant qu'on nous dépouillait, nous nous soumettions au métier de soldat, nous ouvrions des ambulances à nos frais, nous participions au salut du gouvernement le 31 octobre, nous lui donnions nos voix le 3 novembre; puis sont venus des jours néfastes, pendant lesquels nous aurions eu honte de parler de nous quand la patrie était en deuil; puis l'espoir nous est revenu quand l'Assemblée nationale a prouvé par ses actes la sagesse, l'honnêteté, la droiture des députés qui la composent, et aujourd'hui nous venons à vous pleins de confiance, parce que nous venons vous demander justice, et que ce mot-là vous l'entendez toujours.

Nous venons dire tout simplement :

« *Nos brevets, ou notre argent.*

« *L'annulation du décret, ou une indemnité équivalente au préjudice éprouvé.* »

---

Nous devons maintenant établir comment ces brevets furent constitués;

Comment ils sont pour nous une propriété incontestable.

Nous exposerons aussi :

Les raisons d'intérêt général qui militent pour leur maintien ;

Les objections qui ont été faites dans un sens contraire et leur réfutation.

## CONSTITUTION DES BREVETS.

Nous allons passer rapidement en revue les monuments législatifs et parlementaires qui ont trait à la matière, en renvoyant, pour la connaissance *in extenso* des textes, au précis historique publié par notre savant confrère, M. Delalain.

Avant 1789, l'imprimerie était régie par le droit commun des jurandes et des maîtrises ; mais après la révolution, notamment sous le Directoire et le Consulat, et en l'absence de toute réglementation, les imprimeries s'étaient multipliées à Paris dans une quantité considérable ; l'empereur Napoléon 1er pensa que cet ordre de choses était nuisible, et par deux décrets, l'un du 5 février 1810, l'autre du 2 février 1811, il réduisit et fixa à 60 le nombre des imprimeurs conservés dans la ville de Paris, et décida que les imprimeurs ainsi maintenus indemniseraient les imprimeurs supprimés au moyen du rachat du matériel de ces derniers et du payement d'une somme de 4,000 fr. pour chaque maison supprimée.

*Extrait du décret du 5 février 1810.*

« Art. 3. — A dater du 1er janvier 1811, le nombre des imprimeurs dans chaque département sera fixé, et celui des imprimeurs à Paris réduit à soixante.

« Art. 4. — La réduction dans le nombre des imprimeurs ne pourra être effectuée sans qu'on ait préalablement pourvu à ce que les imprimeurs actuels qui seront supprimés reçoivent une indemnité de ceux qui seront conservés. »

*Extrait du décret du 2 février 1811.*

« Art. 1er. — Les imprimeurs conservés dans notre bonne ville de Paris sont tenus d'acheter les presses des imprimeurs supprimés;

ils les payeront, au prix de l'estimation qui en sera faite, en un an, et en quatre termes.

« Art. 2. — Chacun des imprimeurs conservés payera un soixantième du prix total de cette acquisition.

« Art. 5. — Il sera payé, par les imprimeurs conservés, aux imprimeurs supprimés, une indemnité.

« Art. 6. — Cette indemnité est fixée sur le pied de 4,000 fr. par imprimeur supprimé.

« Art. 10. — Chacun des soixante imprimeurs conservés payera un soixantième de la somme totale fixée pour l'indemnité due aux imprimeurs supprimés.

« Art. 11. — Les sommes payées par les imprimeurs conservés, tant pour l'achat des presses que pour l'indemnité des imprimeurs supprimés, seront versées à la caisse d'amortissement, savoir : le premier quart comptant et en espèces, les trois quarts en effets payables à quatre, huit et douze mois : les valeurs n'en seront tirées, pour être réparties aux imprimeurs supprimés, que sur les mandats du président de la commission, visés par le directeur général de la librairie. »

Puis un autre décret du 11 février 1811 augmenta de vingt le nombre des imprimeurs maintenus, ce qui porta le nombre total à quatre-vingts pour la ville de Paris. Ces mesures furent exécutées, et les payements ordonnés furent effectués.

Ce nombre de quatre-vingts est demeuré invariable jusqu'à l'extension des limites de Paris survenue de nos jours ; à ce moment cinq imprimeurs des portions annexées sont devenus imprimeurs de Paris, et récemment deux brevets d'imprimeurs ont été donnés illégalement, par l'empereur Napoléon III, à des sociétés ouvrières, ce qui portait à quatre-vingt sept le nombre des maisons brevetées ayant licence d'imprimer dans Paris en caractères typographiques.

---

Il y a dans l'ensemble de ces dispositions un fait capital qu'on peut traduire ainsi en langue vulgaire :

Les imprimeurs maintenus ont acheté du gouvernement et ont payé le droit d'avoir seuls une imprimerie dans Paris.

Et de ce contrat à titre onéreux résulte pour eux une véritable propriété, ayant tous les caractères de la propriété ordinaire, puisque la base en est une acquisition loyalement faite; cette propriété aurait été illusoire s'il n'avait pas été permis de la transmettre, et le droit de présentation, qui est consacré virtuellement par les art. 7 et 8 du titre II de la loi du 5 février 1810, a été consacré par soixante années de pratique.

Cette législation a été corroborée par l'arrêté du 13 avril 1814 et par l'ordonnance du 24 octobre de la même année, qui dit en propres termes que *les brevets d'imprimeurs sont confirmés*.

En septembre 1830, une proposition fut présentée à la Chambre des députés pour l'abolition des brevets.

Après discussion et observations en faveur des brevets de MM Didot, Dufresne, Barthe, Dupin aîné, baron Dupin, *le projet fut rejeté*.

Rappelons à ce sujet les paroles de M. le baron Dupin.

*Opinion de M. Dupin aîné sur le privilége des brevets d'imprimeur.*
(Chambre des députés, séance du 19 novembre 1830.)

« Vous faites une loi, c'est-à-dire une règle générale pour le plus grand nombre des cas, et vous n'agissez pas sous l'influence de toutes les exceptions particulières. Quel est le principe de l'indemnité? C'est la possession. Un homme, en prenant la profession d'imprimeur, a employé ses capitaux à acheter un matériel. Nous lui donnons un concurrent; le concurrent doit indemniser cet homme qui s'est établi sur la foi de la législation existante. Le gouvernement n'a pas vendu aux notaires, aux avoués, leurs charges; il leur a donné des brevets; mais il s'établit par la possession une espèce de propriété. Il y a donc nécessité d'accorder une indemnité proportionnelle à tous les imprimeurs, suivant la population. »

Le 20 septembre 1848, un projet est présenté dans le même sens à l'Assemblée nationale par M. Pierre Leroux.

*Il est rejeté.* (Notons en passant que M. Pierre Leroux, tout en demandant la suppression, reconnaissait le principe d'indemnité.)

En avril 1851, projet de même nature, également repoussé sur le rapport de M. Moulin.

Et enfin, en février 1868, à propos d'un projet de loi analogue présenté par le gouvernement, nous devons mentionner le rapport si remarquable et si vrai de l'honorable M. Nogent Saint-Laurent, qui caractérise la situation d'une manière tellement saisissante qu'il importe de le citer en entier :

« L'imprimerie n'est pas une industrie ordinaire ; elle est la divulgation de la pensée humaine, elle est en contact quotidien, par la publication, avec la société tout entière : il n'est donc pas inutile de demander à l'imprimeur des garanties de moralité et de capacités professionnelles.

« L'empereur Napoléon I$^{er}$ disait à une séance du Conseil d'État du 12 août 1809 : « L'imprimerie est un arsenal qu'il importe de « ne pas mettre à la disposition de tout le monde.

« L'imprimerie n'est pas un commerce ; il ne doit donc pas suf« fire d'une simple patente pour s'y livrer : il s'agit d'un état « qui intéresse la politique, et, dès lors, la politique doit en être « juge.

« Les imprimeurs doivent être assimilés aux notaires, aux avoués, « qui n'entrent que dans les places vacantes, et qui n'y entrent que « par nomination. »

« Au surplus, où est la réclamation sérieuse contre le régime actuel ? Qui demande la suppression des brevets ? Peut on dire sans exagération que de notre temps la publication manque à la pensée ? Où est le profit de la suppression ?

« Pour les imprimeurs, il y a une question de propriété soulevée par le décret du 5 février 1810 et la loi du 23 octobre 1814, qui ont organisé la propriété du brevet.

« La question d'indemnité vient se poser à son tour à côté de la question de propriété. En effet, lorsqu'en 1810 le nombre des imprimeurs fut réduit à Paris, les imprimeurs conservés durent payer une indemnité aux imprimeurs supprimés et acheteter leur matériel.

« Eh bien, quand on est en face de cette législation, en face de ces circonstances, il semble téméraire d'abroger, par un article annexé à la loi sur la presse, toute cette possession d'état qui ne nuit à personne, qui paraît au contraire favorable à l'état général ; il nous a paru téméraire de briser instantanément les droits acquis d'une profession qui s'exerce à l'abri d'un serment, et d'introduire tout à coup une liberté professionnelle, liberté factice, que le pays ne demande pas, dont quelques-uns affirment l'utilité, mais dont le plus grand nombre affirment le danger. »

En présence de ces observations si justes et des réclamations énergiques qui s'étaient produites, la commission du Corps législatif, chargée d'examiner le projet du Gouvernement, pensa qu'une question qui touchait à des intérêts d'une nature aussi délicate ne devait pas être tranchée incidemment.

D'accord avec le Gouvernement, elle proposa d'en différer l'examen ; mais, pour que cet ajournement ne fût pas de nature à entraver l'exercice des droits nouveaux résultant de la suppression de l'autorisation préalable en matière de presse, l'art. 14 de la loi du 11 mai 1868 accorda aux gérants d'un journal la faculté d'établir une imprimerie spéciale destinée exclusivement à l'impression de ce journal, et le Gouvernement prit l'engagement de soumettre à une enquête approfondie, dans laquelle tous les intérêts devaient être entendus, la question du maintien ou de la suppression des droits d'imprimeur et de libraire.

---

Cette enquête a eu lieu au moyen d'une commission de vingt-sept membres.

En parcourant les débats et les dépositions qui eurent lieu penpant le cours de cette enquête, on est obligé de reconnaître que l'existence des brevets n'est nullement contraire à la liberté individuelle ou commerciale ;

Que c'est une garantie efficace édictée dans un intérêt social contre les écarts dangereux de certaines publications ;

Que non-seulement les ouvriers de l'imprimerie n'ont pas intérêt à la suppression des brevets, mais que, de l'aveu même de leur président, ils en souffriraient profondément dans leurs intérêts;

Que la surveillance administrative ne peut s'exercer efficacement qu'avec le régime actuel (déposition de M. Marseille, commissaire de police spécial de l'imprimerie);

Qu'il n'existe en somme aucun motif d'intérêt public suffisant pour changer l'état de chose existant, ni pour imposer au pays la lourde charge de l'indemnité des titulaires en cas de suppression des brevets.

Le premier président de cette assemblée était M. Forcade la Roquette, alors ministre de l'intérieur, et j'ai le droit de dire que cet esprit si juste, très-partisan d'abord de la liberté absolue, avait été considérablement ébranlé dans son opinion à mesure qu'on s'avançait dans l'examen de la question.

Il fut remplacé au ministère par M. Chevandier de Valdrôme, qui, j'ai le droit de le dire aussi, ne montra pas le même esprit de justice que son prédécesseur.

Sans vouloir faire le procès à personne, il est permis de dire, car c'est la vérité, que M. Chevandier de Valdrôme était pressé en haut lieu d'en finir avec la question; qu'on lui demandait un rapport favorable à la suppression; qu'il manifestait hautement ses tendances de ce côté (discours du 2 avril 1870); que, sur les vingt-sept membres de la commission, dix-neuf étaient des fonctionnaires du gouvernement; que ces messieurs (nous ne leur en faisons pas un reproche) ne pouvaient voter autrement que leur ministre; que, malgré toutes ces circonstances, la suppression ne fut votée qu'à une voix de majorité; que le principe de l'indemnité ne fut pour ainsi dire jamais mis en question; qu'une première somme de 4,000 fr. avait été admise, et qu'une sous-commission avait été nommée pour aviser au moyen de faire monter cette indemnité à un chiffre normal en rapport avec le préjudice causé.

La guerre est survenue; cette sous-commission n'a pu fonctionner, et la question en était restée là, jusqu'au décret du 11 septembre, contre lequel nous nous élevons aujourd'hui.

## ÉTABLISSEMENT DE LA PROPRIÉTÉ.

En présence des dispositions législatives citées plus haut, des consécrations successives données à trois reprises différentes par nos assemblées parlementaires, d'une possession d'état de 60 ans, les imprimeurs ont le droit absolu, incontestable, de dire que leurs brevets sont leur propriété, et aucun des officiers ministériels, notaires, avoués, huissiers, commissaires-priseurs, agents de change, dont on a du reste renoncé à attaquer les offices, ne peut établir d'une manière aussi radicale et aussi complète la légitime propriété de leurs charges, attendu qu'elles sont fondées uniquement sur des nominations faites à titre gracieux, et que les brevets d'imprimeurs de Paris reposent sur un contrat d'acquisition.

Quelques esprits très-ingénieux se sont évertués à essayer de démontrer que ce n'était pas une propriété; mais, après avoir épuisé tous les arguments et tout le talent que peut donner une longue pratique de la législation administrative, ils ont été forcés d'en venir à cette conclusion, que c'était une propriété *sui generis*. Ce résultat n'était pas digne de tant d'efforts.

En somme, nous ne saurions le répéter trop haut, en admettant même que la possession d'un brevet ne soit pas une propriété absoment analogue à celle d'une maison ou d'une valeur mobilière, l'État n'en doit pas moins, dans tous ses actes, donner l'exemple de l'honnêteté et de l'équité : c'est là pour lui un devoir essentiellement moralisateur et dont l'oubli ne peut avoir que les conséquences les plus désastreuses ; or, il n'est ni honnête ni équitable de dépouiller quelqu'un de ce qu'il possède par suite d'une acquisition légitimement faite, sans l'en indemniser entièrement avant l'expropriation, laquelle ne doit se pratiquer elle-même qu'en raison d'un très-réel intérêt public, puisqu'elle est le point de départ d'une charge imposée à chacun.

Pour faire tomber les derniers doutes qui pourraient subsister sur cette question de propriété, nous nous en référerons à la jurisprudence du Conseil d'État lui-même, qui s'est manifestée lors de la suppression des charges de courtiers de commerce (loi du 18 juillet 1866). — On trouve ce passage dans l'exposé des motifs annexé au procès-verbal de la séance du Conseil d'État du 22 juin 1866 :

« La suppression de l'institution publique des courtiers de mar-
« chandises entraîne l'obligation d'indemniser les titulaires actuels
« de ces offices; cela ne peut être douteux.

« Les offices que la loi du 28 août 1816 a rendus transmissibles
« sont des PROPRIÉTÉS ; cela a été tant de fois reconnu et pro-
« clamé dans des documents législatifs et dans les discussions
« solennelles de nos assemblées législatives que nous ne croyons
« pas nécessaire de faire autre chose que de reproduire ici l'affir-
« mation d'un principe qui n'a jamais été contesté, et qui a pour
« conséquence nécessaire une indemnité à donner aux titulaires
« d'offices dépossédés du droit de présenter leurs successeurs. »

Le droit de présenter son successeur donne effectivement à l'officier ministériel la faculté de faire acte de propriétaire, et, sauf la différence de la profession, la position est identiquement la même pour l'imprimeur, qui, aux termes de la loi, donne sa démission au profit de son successeur, lequel, sous l'agrément de l'administration, est à son tour investi du brevet vacant par suite de cette démission.

La seule différence dans la manière de procéder consiste en ce que l'imprimeur n'est pas tenu, comme le notaire ou l'avoué, à soumettre son traité à la chancellerie; cela ne saurait diminuer en rien le droit de propriété de l'imprimeur, attendu que cette obligation particulière n'est imposée à l'officier ministériel que dans l'intérêt du public, afin d'empêcher une surélévation anormale dans le prix des charges, qui pourrait entraîner à des actes blâmables, pour réaliser des bénéfices proportionnés au prix d'acquisition. Pour l'imprimeur, au contraire, il est libre, dans la partie de ses transactions qui ont un caractère purement commercial, de demander et de recevoir le prix qui lui convient.

Mentionnons aussi l'opinion de M. Troplong, *Contrat de vente*, n° 221 :

« Nous plaçons parmi les choses qui, par leur nature, sont hors
« du commerce, les brevets d'imprimeur et de libraire. Mais rien
« n'empêche qu'on traite avec un libraire ou un imprimeur en
« titre pour qu'il donne sa démission. »

Enfin, un arrêt de la Cour de Paris du 16 novembre 1854 dit en termes formels que le brevet est la PROPRIÉTÉ du titulaire.

## RAISONS D'INTÉTÊT GÉNÉRAL
### POUR LESQUELLES IL FAUT MAINTENIR LES BREVETS.

En premier lieu, il ne faut pas confondre la liberté de la presse avec la liberté du commerce de l'imprimerie.

L'une consiste à pouvoir publier tout ce qu'on veut, l'autre réside simplement dans la faculté donnée à chacun d'avoir un matériel typographique.

L'une peut exister sans l'autre; on peut être très-rigoureux sur la divulgation de la pensée et en même temps très-tolérant sur l'existence en grand nombre des outils d'imprimerie, de même qu'on peut permettre de tout imprimer, mais en limitant le nombre des producteurs d'imprimerie.

Nous ne parlerons pas de la liberté de la presse, elle sort de notre sujet, et c'est pour cela que nous avions besoin tout d'abord de bien dégager les deux questions l'une de l'autre.

Nous voulons seulement démontrer qu'il y a un intérêt général réel à maintenir les brevets.

D'abord il est hors de doute que plus on limite le nombre des individus exerçant une même profession, plus il y a de chance pour qu'elle ne soit exercée que par des personnes honorables, qui, à raison de leur nombre restreint, sont plus en évidence et se trouvent même forcées d'obéir à une sorte d'amour-propre professionnel, leur interdisant d'attacher leur nom à des publications outrageant les mœurs ou subversives de l'ordre social.

Il y a donc déjà dans l'honorabilité des titulaires, et en dehors de toute réglementation administrative, une très-grande garantie pour le public.

Il ne faut pas se dissimuler que l'imprimerie est un arsenal d'armes d'une puissance formidable; et on sait quels dangers peut faire courir à la société la diffusion des armes parmi toute la population. Si on permettait à toute personne de se faire imprimeur, vous auriez beau exiger la déclaration préalable, il se créerait une foule de petites imprimeries clandestines qui échapperaient à toute surveillance, et qui, à un moment donné, nous inonderaient des publications les plus malsaines.

Actuellement, au contraire, les moindres établissements de Paris ont relativement une certaine valeur qui ne permet pas à leur possesseur de risquer son avoir en entreprenant l'impression de produits dangereux, dont la divulgation pourrait compromettre l'existence de sa maison.

Il faut enfin se décider à considérer de sang-froid ce mot de privilége dont on se sert pour qualifier nos brevets et en amener la chute.

Privilége veut dire faveur arbitraire accordée par l'autorité à quelqu'un à l'exclusion de tous autres.

Brevet veut dire licence d'imprimer donnée à certaines personnes qui présentent certaines conditions d'origine, résultant d'un contrat onéreux passé avec l'État, et à qui sont imposées des charges et des responsabilités extrêmement lourdes dans un intérêt général.

Effectivement, de tout temps, la législation a été très-rigoureuse à l'égard de l'imprimeur, qui a toujours été considéré comme responsable de tout ce qui sert à ses presses, non-seulement sur sa fortune, mais aussi sur sa liberté.

Aussi, véritablement, si on appelle privilége le droit d'avoir son établissement fermé et d'aller en prison pour avoir imprimé quelques pages de mauvaise prose ou de vers détestables, on avouera au moins que ce n'est pas là un privilége enviable, et si on creuse la question, on finira peut-être par conclure que la société est bien heureuse de trouver des gens qui se dévouent à une profession offrant tant de dangers.

On ne doit pas, au reste, être encouragé par les essais de liberté faits dans notre pays.

On a rendu la boulangerie libre, et on a été forcé de revenir à la taxe.

On a rendu la boucherie libre, et le prix de la viande a de suite énormément augmenté.

On a rendu libres les entreprises théâtrales, et le prix des places est devenu inabordable, en même temps que les directeurs faisaient faillite.

On a rendu libres les voitures de place, et nous voyons que le public n'en est que d'autant plus mal servi : car, depuis ce temps, nos rues sont sillonnées de voitures dégoûtantes menées par des malfaiteurs et traînées par de pauvres animaux qui font peine à voir.

On a rendu libre le courtage des marchandises, et la conséquence immédiate en a été une plus grande difficulté dans les relations, les grands courtiers étant devenus de suite des spéculateurs pour leur compte, et les autres n'offrant plus une surface suffisante à la garantie des opérations.

On a donné la liberté de la coalition, et on n'a pas vu qu'on faisait simplement les affaires de l'Internationale.

En résumé, nous avons le droit de dire, d'après les exemples que nous venons de citer, qu'il est constant qu'on a satisfait certaines théories, mais qu'en réalité, non-seulement on n'a obtenu aucun progrès, mais encore qu'on a agi au très-grand détriment du public, tout en brisant beaucoup de positions honorablement acquises; en un mot, on a démoli, ce qui paraît le dernier mot de la popularité chez nous, mais on a été impuissant à reconstruire.

Donc, ne démolissons plus; assez de ruines comme cela; les gens sont las de servir de *sujets* à des expériences après l'avortement desquelles personne ne leur rendra ce qu'on leur aura fait perdre.

## OBJECTIONS.

Après avoir dit que nos brevets n'étaient pas une propriété, après les avoir qualifiés de priviléges excessifs, nos adversaires ont imaginé encore quelques petits moyens qu'il nous est facile de réduire à leur juste valeur.

Il ont dit : « Les droits des bouchers, des boulangers et des maîtres de poste étaient aussi respectables que ceux des imprimeurs, et pourtant le régime de ces industries a été absolument changé sans que l'Etat se soit cru obligé à indemnité. »

Nous répondrons, en ce qui concerne les bouchers et les boulangers, que ce n'est pas une raison, parce qu'on a commis une très-grande injustice à leur égard, pour qu'on ait le droit d'en faire une nouvelle pour nous ; et quant aux maîtres de poste, la position n'est nullement similaire. S'il se créait aujourd'hui une industrie nouvelle qui fût à l'imprimerie ce que le chemin de fer a été à la *diligence*, nous n'aurions pas un mot à dire. Notre position serait digne d'intérêt, et voilà tout.

J'ajouterai qu'on a très-largement indemnisé les courtiers de commerce (environ 300,000 fr. par charge), et que la Compagnie des Petites-Voitures a été également indemnisée d'une manière très-équitable quand on a créé la liberté des voitures de place.

Ce dernier cas offre même avec le nôtre une telle analogie qu'il importe de le citer.

Autrefois la préfecture de police vendait ou donnait des numéros de voiture qui se rétrocédaient de main en main. Quand la Compagnie des Petites-Voitures s'est formée, l'administration l'a obligée à racheter ces numéros aux détenteurs, tout comme les imprimeurs conservés de 1811 ont racheté le matériel des imprimeurs supprimés, et, de plus, les ont indemnisés au moyen d'un impôt en argent.

Lorsque la liberté des voitures a été édictée, la Compagnie a invoqué cet antécédent, et elle a à son tour été indemnisée du préjudice que lui causait le nouvel ordre de choses.

Enfin il y a une dernière objection.

On a dit : « Depuis 1811, les possesseurs de brevets ont fait des bénéfices ; ils ont pu amortir leur prix d'acquisition : donc aujourd'hui on ne leur doit rien. »

Nous serons sévères pour cet argument, et nous dirons carrément que ce raisonnement est celui d'un homme déshonnête. C'est avec des raisonnements de cette nature qu'on arrive à persuader au locataire qu'il a payé son loyer depuis assez longtemps pour qu'il soit devenu possesseur de la maison qu'il occupe, et qu'il a droit d'en dépouiller le véritable propriétaire ; — en un mot, ce serait la négation de toute équité et de toute justice. — Nous en sommes fâchés pour ceux qui ont osé dire de telles paroles ; mais, comme elles se sont produites, nous n'avons pu nous empêcher de leur faire la réponse qui leur convient.

―――

*Maintenant, à combien se monterait l'indemnité équitable à allouer en cas de suppression définitive ?*

A ne considérer que la valeur du brevet seul, elle est facile à déterminer ; nous avons fait la moyenne du prix d'acquisition des brevets possédés par les imprimeurs actuels de Paris, et nous sommes arrivés à un chiffre moyen de près de 18,000 francs pour chaque brevet.

Telle est donc la valeur réelle dont chacun de nous serait privé si on maintenait le décret du 11 septembre 1870, et ce serait le minimum de l'indemnité qui pourrait nous être allouée.

Mais il ne faut pas qu'on croie que c'est à ce chiffre seul que s'arrêterait le préjudice que nous ferait éprouver le décret du 11 septembre

S'il est vrai que depuis sa promulgation il ne s'est pas créé de nouvelles imprimeries, cela tient uniquement aux conséquences des crises que nous venons de traverser ; mais, maintenant que la guerre est terminée au dehors et au dedans, nous qui avions déjà été très-éprouvés par la loi de 1868 permettant des imprimeries spéciales pour les journaux, nous qui sommes une des industries les plus maltraitées par les événements de l'invasion et de la Commune, et dont la production depuis un an est pour ainsi dire nulle, nous nous trouvons, au moment où nous aurions pu espérer nous relever de nos désastres, sous le coup d'une ruine consommée et pratiquée par notre propre gouvernement.

En effet, alors que nous avions acheté par ordre du pouvoir le droit d'être un nombre limité, nous voyons tout d'un coup cette mesure protectrice détruite et la concurrence permise de par la loi.

Bien que notre profession ne donne que des bénéfices très-modestes, il ne manquera pas de se trouver quantité d'esprits aventureux qui penseront que la loi vient de leur ouvrir une voie nouvelle, fermée jusqu'alors, et au bout de laquelle ils trouveront la fortune.

Alors ils monteront des établissements, et, comme les besoins d'imprimer ne se seront pas accrus par le fait seul de l'ouverture de ces établissements, ils en seront réduits, pour alimenter leur matériel, à venir frapper à la porte de nos clients et à les solliciter par l'appât de prix réduits.

Ces prix abaissés seront insuffisants à les faire vivre longtemps ; ils succomberont, mais, en attendant, ils auront porté la plus grave atteinte aux maisons préexistantes en les forçant à abandonner leurs clients ou à les servir à meilleur marché.

Voilà donc nos maisons dont le revenu est sensiblement diminué et dont la valeur subit une dépréciation proportionnelle.

De plus, les grands établissements, gros consommateurs d'impressions, essayeront de se faire imprimeurs eux-mêmes ; ils y renonceront peut-être après une expérience qui leur aura démontré le peu d'utilité de leur tentative ; mais pendant tout ce temps nos maisons auront langui, et beaucoup se seront fermées.

Ces craintes ne sont nullement chimériques, et le seul fait de l'existence d'un projet de loi tendant à la suppression des brevets avait déjà jeté une très-grande défaveur sur le prix de nos établissements ; des cessions qui étaient sur le point d'avoir lieu ont été reculées jusqu'après solution de la question ; les commanditaires, les bailleurs de fonds, se montraient plus craintifs, et nos fournisseurs eux-mêmes traduisaient leurs inquiétudes par un crédit moins étendu.

En regard de cette situation déplorable, trouverons-nous quelques compensations?

On avait pensé que l'imprimerie libre mettrait un terme aux grèves des ouvriers.

C'est une erreur, car les autres professions sont libres, et dans toutes des grèves ont eu lieu.

On avait pensé que le public y trouverait son avantage; tous les exemples que nous avons donnés prouvent le contraire.

Reste donc la satisfaction d'un principe. Véritablement ce n'est pas assez.

Non, ce n'est pas assez pour qu'on porte atteinte soit à de grands établissements d'une valeur considérable, soit à de modestes maisons qui sont tout l'avoir d'une honnête et laborieuse famille, et qu'ensuite l'Etat se trouve avoir à payer d'abord la valeur des brevets, puis environ moitié de la valeur de chaque imprimerie, ce qui représentera au minimum la réparation du préjudice éprouvé, et il ne faut pas faire moins si on veut faire de l'équité.

Il faut donc, en chiffres ronds, environ 2,000,000 fr. pour les brevets, et 20,000,000 fr. pour le préjudice causé dans Paris seulement.

Le tout pour un résultat non pas seulement nul, mais funeste.

---

Enfin, et c'est par ceci que nous terminerons:

Il y avait dans la commission d'enquête un éminent magistrat, le regrettable M. Bonjean, dont l'esprit élevé comprenait et admettait nos raisons, mais qui était arrêté par des considérations tirées de l'intérêt de la classe ouvrière.

Il pensait que le brevet empêchait les ouvriers de s'établir imprimeurs et de créer, en s'associant entre eux, des établissements petits pour commencer, mais qui pourraient grandir et prospérer.

---

Nous répondions et nous répondons encore:

L'existence du brevet est si peu un obstacle à l'établissement des ouvriers que la moitié au moins des maîtres imprimeurs de Paris sont sortis de l'atelier; qu'en général ce n'est pas le brevet qui fait défaut, mais le capital qui manque, et cela est si vrai que la première société ouvrière à qui, illégalement du reste, l'empereur Napoléon III avait donné un brevet, a mis plus de trois ans avan de pouvoir s'organiser.

Nous insisterons encore sur ce fait que les petits établissements dont on aurait désiré favoriser la création iraient nécessairement s'adresser à la clientèle dite de quartier, et par cela même porteraient le plus grave préjudice aux petites imprimeries déjà existantes, frappant ainsi du coup le plus funeste ces honnêtes et laborieux travailleurs, qui ne viennent pas demander à des lois nouvelles le renversement des barrières nécessaires, mais qui se contentent de conquérir une modeste position au prix de toute une existence de travail d'ordre, d'honneur et d'économie.

Ainsi donc la consécration du décret du 11 septembre aurait pour conséquence :

Un très-grand préjudice pour les titulaires actuels;
L'obligation pour l'État de payer de lourdes indemnités;
Une diminution forcée dans la condition des ouvriers;
Un danger immense pour la société;
Des résultats négatifs pour le public.

Le droit, l'équité, l'intérêt général, se réunissent pour en demander l'annulation : nous l'attendons avec confiance de l'Assemblée Nationale.

Pour la Chambre des imprimeurs :

J.-Ch. DE MOURGUES,
Président, 58, rue Jean-Jacques Rousseau. — Paris.

9229 — Imprimerie Jouaust, rue Saint-Honoré, 338.

www.ingramcontent.com/pod-product-compliance
Lightning Source LLC
Chambersburg PA
CBHW070220200326
41520CB00018B/5722